Recettes pour :

Desserts et Soupes Romantiques

Marie Lavendroute

Recettes pour :

DESSERTS ET SOUPES ROMANTIQUES

INTRODUCTION

Alors que nous aimons tous sortir le soir, les soirées rendez-vous peuvent aussi être spéciales. À quand remonte la dernière fois que vous avez organisé un dîner romantique pour votre partenaire ? Au lieu de sortir ces restes peu appétissants du congélateur, vous pouvez pimenter à la fois votre assiette et votre vie amoureuse sans jamais quitter la maison, et cuisiner vos appétits les uns pour les autres dans le processus.

Dans cet esprit, ce livre partagera un dîner romantique inspirant de 5 plats pour célébrer votre amour spécial, que ce soit la Saint-Valentin, des dîners d'anniversaire, des dîners d'anniversaire ou des dîners de fiançailles. Ou juste parce que !

Pour ceux d'entre nous qui n'ont pas la touche du chef, il peut être intimidant de planifier un repas sans savoir par où commencer. Mais il s'avère que faire cette tartinade originale n'est pas aussi difficile qu'il y paraît (et c'est plus facile avec ces recettes étonnantes mais simples !).

SOUPES ROMANTIQUES

1. Soupe d'amour

Ingrédients

- 3 cuillères à soupe d'huile végétale
- Zeste et jus de ½ citron ou 1 cuillère à soupe de jus de citron en bouteille
- 1 gousse d'ail
- 1 petit morceau de gingembre frais (environ 1 cm) ou 1 cuillère à café de gingembre moulu
- une poignée de coriandre fraîche

- une poignée de persil frais, plus un supplément pour la garniture
- 1 oignon
- deux Grosses carottes
- 1 Papa
- ½ un cube de bouillon de légumes

Trousse essentielle

- Vous aurez besoin d'un robot culinaire.

Instructions

a) Préchauffer le four à 180°C/350°F/gaz 4.

b) Préparez d'abord la marinade pour les légumes. Mesurez l'huile dans une tasse à thé, un pichet ou un autre petit récipient. Râpez finement le zeste de citron dans l'huile. Épluchez et écrasez l'ail, épluchez et râpez le gingembre, puis ajoutez-les également. Hacher finement les herbes dans le mélange. Pressez le jus de citron autant que vous le pouvez, mélangez et réservez.

c) Épluchez l'oignon, coupez-le en quartiers et placez-le dans une rôtissoire. Lavez puis coupez les carottes en rondelles épaisses et ajoutez-les à la poêle pourrôti. Eplucher et couper la pomme de terre et la mettre aussi. Verser la marinade dessus et secouer pour enrober les légumes. Placer la rôtissoire dans le four préchauffé pendant environ une heure, en remuant de temps en temps pour détacher les légumes et les enrober de nouveau de marinade.

d) Lorsque les carottes et les pommes de terre sont tendres, retirez les légumes du four et placez-les dans un robot culinaire. Dissoudre le $\frac{1}{2}$ cube de bouillon dans 500 ml d'eau bouillante et verser ce bouillon dans le robot culinaire (pour enrober les légumes). Mélanger jusqu'à consistance lisse et servir avec un bouquet de persil et un sourire.

2. Vin Blanc Coq Au Vin

INGRÉDIENTS

- 2 cuillères à café d'huile d'olive
- 125 grammes. bacon, coupé en morceaux de 1/2 pouce
- 1 (3 1/2 à 4 livres) poulet entier, coupé en 10 morceaux
- Sel casher et poivre noir fraîchement moulu
- 1 livre de champignons cremini, coupés en quartiers
- 2 oignons moyens, hachés
- 2 poireaux (parties blanches et vert clair seulement), coupés en deux et tranchés

- 2 gousses d'ail, hachées
- 2 cuillères à soupe. farine tout usage
- 1 bouteille (750 millilitres) de vin blanc sec
- 1/2 tasse de bouillon de poulet
- 2 cuillères à soupe. Moutarde de Dijon
- 6 brins de thym
- 2 feuilles de laurier
- 1/4 tasse d'estragon frais, émincé

ADRESSES

a) Préchauffer le four à 350 °F. Chauffer l'huile dans un grand faitout à feu moyen. Ajouter le bacon et cuire, en remuant de temps en temps, jusqu'à ce qu'il soit doré, de 2 à 4 minutes. À l'aide d'une écumoire, transférer dans une assiette recouverte de papier absorbant. Assaisonnez le poulet avec du sel et du poivre. Cuire, côté peau vers le bas, jusqu'à ce qu'elles soient dorées, de 5 à 7 minutes. Transférer dans une assiette.

b) Augmentez le feu à moyen-élevé. Ajouter les champignons et cuire, en remuant de temps en temps, jusqu'à ce qu'ils soient dorés, de 6 à 8 minutes. Réduire le feu à moyen-doux et ajouter l'oignon, le poireau et l'ail. Cuire, en remuant de temps en temps, jusqu'à ce qu'il soit légèrement doré et tendre, de 8 à 9 minutes. Ajouter la farine et cuire, en remuant, 1 minute.Ajouter le vin petit à petit en remuant constamment. Ajouter le bouillon, la moutarde, le thym et les feuilles de laurier; porter à ébullition.

c) Remettre le bacon et le poulet (côté peau vers le haut) dans la casserole; couvrir et transférer au four. Cuire jusqu'à ce que le poulet soit tendre avec une fourchette et bien cuit, de 1 heure 15 minutes à 1 heure 30 minutes. Jeter le thym et les feuilles de laurier. Servir garni d'estragon.

3. Soupe d'artichauts aux chips de panais

Ingrédients

POUR LA SOUPE :

- 5-6 coeurs d'artichauts frais hachés grossièrement
- 2 cuillères à soupe d'huile d'olive

- 1 morceau de poireau blanc et vert clair seulement, tranché et rincé
- 3 gousses d'ail, hachées
- 1/2 tasse d'échalotes hachées
- 8 onces de pommes de terre Yukon Gold, pelées et coupées en dés (environ 2 moyennes)
- 6 tasses de bouillon de légumes
- 1 feuille de laurier
- 2 brins de thym et plus pour la garniture
- 1/4 cuillère à café de poivre noir moulu
- Sel au goût au goût
- 1-2 cuillères à soupe de jus de citron

POUR LES COPEAUX DE COPEAUX :

- 1 panais, pelé et tranché finement à la mandoline
- 1/2 tasse d'huile végétale
- Sel de mer feuilleté

Instructions

a) Cuire les coeurs d'artichauts, poireau, ail, échalotes au beurre : Faire fondre le beurre dans grande casserole à fond épais à feu moyen. Ajouter les cœurs d'artichauts, le poireau, l'ail et les échalotes. Cuire jusqu'à tendreté.

b) Ajouter les pommes de terre, le bouillon, le laurier et le thym. Portez la soupe à ébullition douce, puis baissez le feu pour la maintenir en ébullition. Cuire à découvert, 30-40 minutes, ou jusqu'à ce que les légumes soient tendres avec une fourchette.

c) Jeter les herbes, puis réduire la soupe en purée avec un mélangeur à immersion ou un mélangeur ordinaire (si vous utilisez un mélangeur ordinaire, refroidissez un peu la soupe, retirez le couvercle et couvrez-la sans serrer avec un torchon pendant le mélange pour éviter une explosion du mélangeur)

d) Ajouter le sel, le poivre et le jus de citron, goûter et rectifier au besoin.

e) Placer une grille sur une grande plaque à pâtisserie à rebords et recouvrir la grille de 2 couches de papier absorbant. Faire chauffer l'huile de canolaou légume dans une grande casserole jusqu'à ce que l'huile enregistre 325 ° sur le thermomètre à friture. Pendant ce temps, à l'aide d'une mandoline, coupez les panais en fines pièces.

f) En travaillant par lots, placez soigneusement des poignées de rubans de panais dans l'huile chaude et faites cuire les rubans à feu modérément élevé, en remuant de temps en temps avec une cuillère en bois, jusqu'à ce que les rubans prennent une couleur miel foncé, environ 1 minute. À l'aide d'une écumoire ou d'une écumoire, transférez les panais sur des essuie-tout et saupoudrez de sel. Laisser refroidir complètement.

g) Pour servir, répartir la soupe uniformément dans les bols. Garnir de chips de panais et de feuilles de thym.

4. Soupe à la bière et au fromage

Ingrédients:

- 1 tasse d'oignons hachés

- 1 tasse de céleri en dés
- 1 tasse en dés carottes
- 1 tasse en dés champignons
- 3/4 tasse beurre
- 1/2 tasse farine
- 1 cuillère à café de moutarde sèche
- 5 tasses de bouillon de poulet ou de légumes

- 1 bouquet brocoli
- 11 onces liquides bière (utilisez une canette ou une bouteille et gardez une boisson pour le cuisinier)
- 6 onces de fromage cheddar râpé
- 2 cuillères à soupe de parmesan râpé
- sel et poivre au goût

Instructions:

a) Faire revenir les légumes coupés en dés dans du beurre.

b) Mélanger la farine et la moutarde avec les légumes sautés. Ajouter le bouillon de poulet ou de légumes au mélange et cuire pendant cinq minutes.

c) Casser le brocoli en petites fleurs; couper les tiges en petits morceaux. Cuire à la vapeur jusqu'à ce qu'ils soient croquants. Ajouter la bière et les fromages à la soupe. Cuire à feu doux pendant 10 à 15 minutes. Vérifiez les assaisonnements.

d) Pour servir, placez quelques brocolis dans un bol et versez la soupe par dessus.

5. Crème d'endive belge

- deux Endives belges, sans cœur
- 1 oignon blanc en dés
- 1 gousse d'ail, coupée en dés
- deux cuillères à soupe de beurre
- deux grosses pommes de terre, pelées et coupées en dés
- deux tasses de bouillon de poulet
- 1 tasse de lait ou de crème
- sel et poivre au goût
- ciboulette hachée
- brins d'aneth pour la garniture

1. Hacher les endives belges en réservant quelques petites feuilles pour la décoration. Faire revenir l'oignon émincé, l'ail et les endives belges dans du beurre pendant trois minutes.

2. Ajouter les pommes de terre et le bouillon de poulet et laisser mijoter environ quinze minutes ou jusqu'à ce que les pommes de terre soient tendres. Mettez-le dans un mélangeur ou un robot culinaire et mélangez jusqu'à consistance lisse.

3. Ajouter le lait, le sel et le poivre et mélanger. Servir chaud ou froid. Garnir avec les petites feuilles d'endives belges, la ciboulette et l'aneth.

6. Velouté de salsifis et champignons

- 450 g de salsifis (1 livre)
- 2 oignons hachés
- 3 cuillères à soupe d'huile de tournesol
- 275 g de champignons (9 2/3 oz)
- 1 to Huile d'olive
- 1 litre Eau (2 1/8 pintes)
- 25 g de beurre (1 once)
- 25 g de farine (1 once)
- 1 1/2 dl de lait (1/4 pinte)
- Sel marin

- Poivre noir fraichement moulu

a) Frottez les salsifis avec beaucoup d'eau, jetez les extrémités des racines et coupez-les en morceaux de 1/2 pouce. Faites ramollir les oignons avec les salsifis dans l'huile de tournesol pendant 10 ... 15 minutes dans une poêle à fond épais et couverte. Remuez de temps en temps pour éviter de coller car le salsifis est sec.

b) Pendant ce temps, cuire les champignons dans l'huile d'olive jusqu'à ce qu'ils aient libéré leur liquide, réserver le liquide et ajouter les champignons aux salsifis et à l'oignon. Couvrir d'eau et porter à ébullition; laisser mijoter 20 minutes.

c) Dans une poêle à fond épais, faire fondre le beurre, ajouter la farine et ajouter progressivement le liquide des champignons d'abord, puis le lait. Lorsque vous avez une sauce épaisse, ajoutez lentement le liquide de la soupe, ajoutez les légumes et mélangez.

d) Assaisonnez avec du sel et du poivre selon votre goût.

7. Soupe crémeuse aux tomates, saucisses et tortellinis

Ingrédients:

- 2 cuillères à soupe d'huile d'olive extra vierge •
- 2 tasses de bouillon de boeuf ou de légumes
- 1 livre de saucisse italienne •
- 2 tasses moitié-moitié ou crème

- 1 livre de tortellinis (frais ou surgelés)
- $\frac{1}{4}$ tasse de basilic frais, haché
- 1 pot (24 onces) de sauce pour pâtes
- Sel et poivre au goût

Instructions:

a) Chauffer l'huile d'olive dans une grande casserole à feu moyen-élevé.

b) Retirez le boudin des boyaux et émiettez-le dans la poêle. Cuire et remuer, en brisant la saucisse au fur et à mesure.

c) Lorsque la saucisse est bien dorée, ajoutez la sauce pour pâtes, le bouillon et la moitié-moitié ou la crème.

d) Porter à ébullition et ajouter les tortellinis. Continuer à mijoter jusqu'à ce que les tortellinis soient bien cuits, environ 8 à 10 minutes.

e) Ajouter le basilic, le sel et le poivre.

8. Soupe aux crevettes et au curry de maïs

- 2 tasses de bouillon de poulet, non dilué
- 2 pommes acidulées moyennes (pelées, épépinées et hachées)
- 1 gros oignon (émincé)
- 1/2 cuillère à café de curry en poudre
- 1 gros poivron rouge (équeuté et épépiné)
- 4 tasses de babeurre froid

- 1/4 tasse de jus de citron vert
- 1 1/2 tasse de grains de maïs cuits
- 1/2 tasse de coriandre fraîche hachée
- 1/3 livre de petites crevettes cuites
- brins de coriandre (facultatif)

Dans une poêle de 4 à 5 pintes à feu vif, mélanger le bouillon, les pommes, l'oignon et le cari. Couvrir et porter à ébullition, puis laisser mijoter jusqu'à ce que les pommes se mélangent facilement (environ 30 min). Laisser refroidir, puis couvrir et réfrigérer jusqu'à refroidissement, au moins 3 heures ou jusqu'à une journée. Mélanger doucement le mélange dans un mélangeur ou un robot culinaire.

Couper quelques fines tranches de poivron et réserver; Hachez le poivre restant et mettez-le dans une soupière avec de la compote de pommes, du babeurre, du jus de citron vert, 1 1/4 tasse de maïs et de la coriandre hachée. Servir la soupe dans des bols et garnir de crevettes, du reste de maïs, de lanières de poivrons et de brins de coriandre.

9. Soupe potiron pomme curry

- 1/4 tasse de beurre

- 1 gousse d'ail
- 1 oignon
- 1poireau
- 1 grosse pomme, pelée et hachée
- 1 cuillère à soupe de curry en poudre
- 2 tasses de citrouille fraîche, hachée
- 4 tasses de bouillon (1 utilise du bouillon de poulet)
- 1 tasse de crème à fouetter
- sel et poivre
- tranches de pommes

Faire fondre le beurre dans une casserole. Faire revenir l'ail, l'oignon, le poireau et la pomme. Ajouter la poudre de curry et cuire 1 minute en remuant constamment. Ajouter le potiron et le bouillon. Porter à ébullition en remuant de temps en temps. Réduire le feu et laisser mijoter jusqu'à ce que les légumes soient tendres. Mixez le tout au mixeur ou au robot culinaire. Remettre dans la casserole et ajouter toute la crème moins 2 cuillères à soupe.

Épicez avec du sel et du poivre. Au moment de servir, garnir de quartiers de pommes fraîches et verser un peu de crème sur le dessus.

10. Soupe de crevettes aigre-douce

Ingrédients:

- 1 livre. crevette médecine
- 2 barres fraîches ou 2 cuillères à soupe. citronnelle séchée
- 4 feuilles de lime kaffir fraîches ou séchées ou
- 1 cuillère à soupe de zeste de citron finement râpé
- 1 1/2 pinte de bouillon de poulet

- 1 cuillère à soupe de sauce de poisson ou de sel au goût
- 3 cuillères à soupe de jus de citron vert frais ou au goût
- 1 cuillère à café de pâte de piment thaï (nam prik pow) ou
- remplacer 1/4 c. Cayenne, 1/4 c. sucre, 1/2 c. Pétrole
- Boîte de 15 oz de champignons de paille ou 12 med. champignons frais
- 3 piments verts frais
- 3 cuillères à soupe de coriandre

Instructions:

Lavez, épluchez et retirez les veines des crevettes. Économisez des coquillages. Lavez à nouveau les crevettes, égouttez-les, séchez-les, couvrez et réfrigérez. Si vous utilisez de la citronnelle fraîche, coupez chaque bâton en trois morceaux de 2 pouces, en commençant par l'extrémité inférieure arrondie. Jeter le dessus en forme de paille. Écrasez légèrement les 6 morceaux.

Dans une poêle, mélanger la citronnelle, les feuilles de lime, le bouillon et les carapaces de crevettes. Faites-le bouillir. Baisser le feu et laisser mijoter 20 minutes. Filtrer le bouillon, puis ajouter la sauce de poisson, le jus de citron et la pâte de chili. Ajuster la sauce de poisson et le jus de citron au goût. * Ajoutez plus de pâte de chili pour plus de piquant.

Égoutter les champignons et les ajouter au bouillon. (Si vous utilisez des champignons frais, coupez-les en quartiers et versez-les dans de l'eau bouillante légèrement salée. Faites bouillir 1 minute. Égoutter et ajouter au bouillon).

Préparez la garniture peu de temps avant de servir. Couper les piments verts en fines tranches. Lavez et séchez la coriandre. Juste avant de servir, faites chauffer la soupe, quand elle commence à bouillir, ajoutez les crevettes décortiquées. Cuire à feu moyen pendant 2 minutes ou jusqu'à ce que les crevettes deviennent opaques. Garnir de piments forts et de feuilles de coriandre. Servir chaud.

11. Soupe hongroise aux cerises

Ingrédients:

- 1 livre de cerises, dénoyautées, graines enlevées et tiges réservées
- 3 tasses de Riesling ou autre vin blanc sec
- 1/4 tasse de sucre
- bâton de cannelle de 1 pouce

- 2 citrons, 1 pelé et la peau réservée, tous deux pressés
- 1/2 tasse de brandy (facultatif)
- 2 tasses de crème sure

Instructions:

a) Écrasez quelques noyaux de cerises, puis placez tous les noyaux et les tiges dans une casserole avec le vin, le sucre, le bâton de cannelle et le jus des deux citrons et le zeste de une. Cuire à feu doux pendant 5 minutes, puis laisser infuser pendant au moins 15 minutes. Filtrer, porter à ébullition et ajouter les cerises et leur jus.

b) Retirer du feu immédiatement et laisser refroidir à tiède.

c) Ajouter le cognac. Mettez la crème sure dans une soupière, puis versez progressivement la soupe aux cerises en mélangeant bien. Servir froid.

12. Soupe aux pois épicée à l'indienne

- 3 cuillères à soupe de gingembre frais haché
- 10 gousses d'ail, écrasées et épluchées
- 2

piments serrano, épépinés et émincés
- 1/4 cuillère à café de cumin moulu
- 3 cuillères à soupe d'huile de canola (la recette originale demande du ghee [beurre clarifié] ou de l'huile de tournesol, mais j'ai utilisé ce que j'ai pu trouver)
- 2 feuilles de laurier
- 1/2 oignon moyen, haché

- 4 tasses d'eau (vous pouvez utiliser du bouillon de légumes ou de poulet, si vous en avez)
- 16 onces de petits pois surgelés (ou leur équivalent, frais et décortiqués)
- 1 cuillère à soupe de jus de citron frais
- sel et poivre au goût

1. Utilisez un robot culinaire, un mélangeur ou un mortier pour mélanger le gingembre, l'ail, les piments, le cumin et 3 cuillères à soupe d'eau en une pâte.

2. Dans une grande casserole, chauffer l'huile à feu moyen-élevé. Une fois que l'huile commence à éclater, ajoutez les feuilles de laurier et faites sauter pendant 1 minute. Ajouter les oignons et cuire jusqu'à ce qu'ils commencent à dorer un peu. Ajouter la pâte d'ail gingembre et cuire encore une minute.

3. Ajouter l'eau ou le bouillon et bien mélanger; Chauffer jusqu'à ce que la soupe arrive à ébullition. Ajouter les petits pois et laisser mijoter 5 minutes, jusqu'à ce que les petits pois soient vert vif.

4. Retirer la soupe du feu et retirer les feuilles de laurier. Ajouter le sel et le poivre, puis réduire en purée avec un mélangeur à main. Vous pouvez également laisser la soupe refroidir pendant 10 minutes, puis la verser dans un mélangeur ordinaire. Couvrir (utiliser un torchon, ne pas toucher directement au mixeur) et mixer quelques minutes, jusqu'à ce que la soupe soit onctueuse. Servir avec du fromage émietté et une pincée de cumin, si désiré.

13. soupe de poulet à l'italienne

- 1 cuillère à soupe d'huile d'olive
- 1 poivron vert, coupé en dés
- 1 petit oignon, émincé
- 3 grosses gousses d'ail, hachées
- 1 cuillère à soupe de basilic séché

- 2 cuillères à café de graines de fenouil
- 1/4 cuillère à café de piment rouge broyé séché
- 6 tasses de bouillon de poulet en conserve faible en sel
- 2 courgettes moyennes, coupées en dés
- 1 carotte coupée en dés
- 1 paquet de 9 onces de raviolis au fromage frais
- 1 1/2 tasses de poulet cuit en dés
- Fromage parmesan râpé

Chauffer l'huile dans une grande casserole à feu moyen. Ajouter le poivron, l'oignon, l'ail, le basilic, les graines de fenouil et le poivron rouge broyé et faire sauter jusqu'à ce que les légumes soient tendres, environ 10 minutes. Ajouter le bouillon.

Couvrir la casserole et laisser mijoter 10 minutes. Ajouter les courgettes et la carotte. Couvrir et laisser mijoter jusqu'à ce que la carotte soit presque tendre, environ 5 minutes. Augmenterchauffer à feu vif et porter la soupe à ébullition. Ajouter les raviolis et faire bouillir jusqu'à tendreté, environ 5 minutes. Ajouter le poulet et cuire jusqu'à ce qu'il soit bien chaud, environ 1 minute. Assaisonner la soupe au goût avec du sel et du poivre. Servir la soupe dans des bols. Servir en passant le fromage séparément.

14. Soupe au fromage Jalapeno

Ingrédients:

- 6 tasses de bouillon de poulet
- 8 branches de céleri
- deux bol Oignon haché

- 3/4 cuillère à café de sel d'ail
- 1/4 cuillère à café de poivre blanc
- 2 livres de fromage Velveeta
- 1 tasse de piments jalapenos coupés en dés
- Crème aigre
- Tortillas de farine

Instructions:

Couper les branches de céleri, les oignons et les jalapenos en dés. Couper le Velveeta en cubes.

Dans une grande casserole, mettre le bouillon de poulet, le céleri, l'oignon, le sel d'ail et le poivre blanc. Cuire à feu vif pendant 10 minutes ou jusqu'à ce que le mélange réduise et épaississe légèrement.

Dans un mélangeur ou un robot culinaire, placer le bouillon et le fromage. Mélangez-les ensemble jusqu'à ce que le mélange soit lisse. Remettre le mélange en purée dans la casserole et laisser mijoter 5 minutes. Ajouter les poivrons hachés et bien mélanger.

Servir avec une cuillerée de crème sure et des tortillas de farine chaudes.

DESSERTS ROMANTIQUES

15. Pâté De Saumon

- 8 onces de fromage à la crème
- 1 cuillère à café de raifort
- 1 cuillère à soupe de jus de citron

- 1 c Saumon Cuit
- deux cc d'oignon haché
- 2 cuillères à soupe de persil frais haché
- 1/4 cuillère à café de fumée liquide

a) Mélanger le fromage à la crème, le raifort, le jus de citron, le saumon cuit, l'oignon, le persil et la fumée liquide dans un bol.

b) Transférer le mélange dans un bol de service; garnir de brins de persil.

c) Servir avec du seigle festif ou des craquelins. Donne 2 tasses de pâté de saumon.

16. Pudding aux noix

Catégories : Desserts, Faible en gras

- 1 cuillère à soupe de beurre ou de margarine
- 1 grand ch de blanc d'oeuf battu
- 1/3 tasse de sirop de maïs noir
- 1/4 cuillère à café de vanille
- deux Farine non blanchie
- 1/8 cuillère à café de levure chimique

- 1/4 tasse de noix, hachées
- 1 x sucre en poudre

a) Dans une tasse de 15 onces de crème pâtissière, de beurre ou de margarine au micro-ondes, à découvert, à 100 % de puissance pendant 30 à 40 secondes ou jusqu'à ce qu'il soit fondu.

b) Incorporer le beurre dans le moule à crème, en enrobant les côtés et le fond.

c) Versez l'excès de beurre de la coupe à crème dans l'œuf battu.

d) Ajouter le sirop de maïs noir et la vanille.

e) Mélanger la farine et la levure chimique.

f) Ajouter le mélange de farine au mélange d'œufs. Incorporer délicatement les noix concassées.

g) Verser le mélange de noix dans la tasse beurrée de 15 onces de crème anglaise. Cuire au micro-ondes, à découvert, à 50 % de puissance pendant 3 à 4 minutes ou jusqu'à ce que le mélange de noix soit pris, en retournant la tasse de crème pâtissière d'un demi-tour toutes les minutes.

h) Tamisez un peu de sucre en poudre sur le dessus. Servir chaud avec de la crème légère, si désiré.

17. Tartelettes aux fraises meringuées

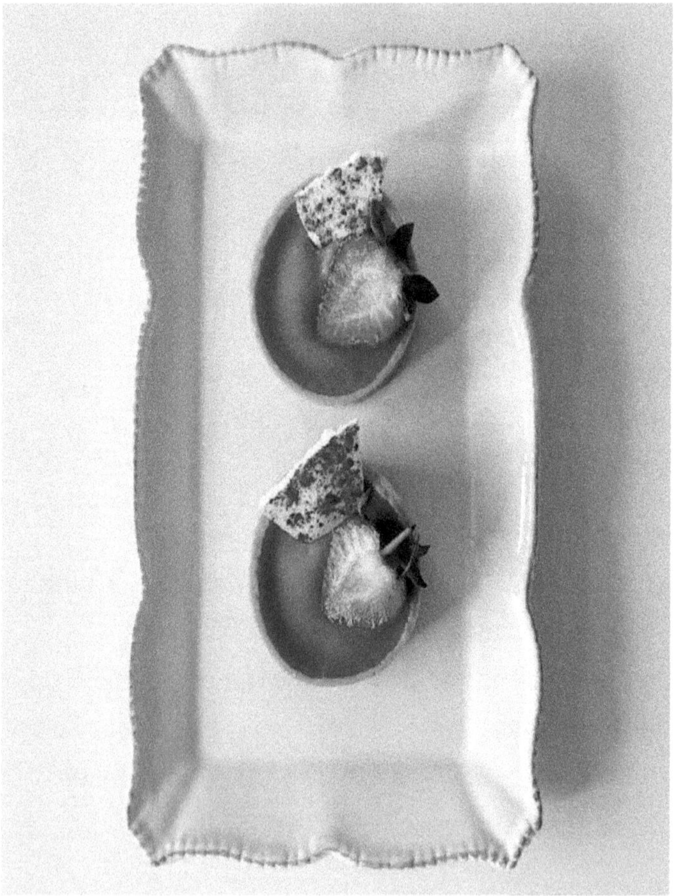

- 1 tasse de sucre
- 1/2 cuillère à café de levure chimique
- 1/8 cuillère à café de sel
- 3 blancs d'œufs chacun
- 1 cuillère à café de vanille
- 1 cuillère à café de vinaigre
- 1 cuillère à café d'eau
- 1 ch Fraises fraîches tranchées Tamisez le sucre avec la levure et le sel.

a) Mélanger les blancs d'œufs, la vanille, le vinaigre et l'eau.

b) Ajouter le mélange de sucre, 1/2 cuillère à café à la fois, aux blancs d'œufs, en alternant avec quelques gouttes du liquide, en fouettant constamment. Quand ils sont tous combinés, continuez à battre pendant plusieurs minutes.

c) Déposer de grandes cuillères sur une plaque à pâtisserie et former des coupes peu profondes.

d) Cuire au four à 225 degrés F. pendant 45 minutes à 1 heure.

e) Retirer rapidement les meringues de la plaque et laisser refroidir sur la grille.

f) Remplir de fraises.

18. Dessert rapide aux raisins secs

- 1 c sucre blanc
- 1 farine
- deux cc de bicarbonate de soude
- 1 sel pn
- 1 tasse de raisins secs
- 1/2 tasse de lait

a) Mélanger le sucre, la farine, le bicarbonate de soude et le sel. Bien mélanger; ajouter les raisins secs et le lait.

b) Placer dans une poêle graissée de 8 "x 11" et cuire au four à 350 degrés pendant 30-35 minutes.

19. Café Liqueur Mousse

- 4 œufs chacun, séparés
- 1/4 tasse de liqueur de café
- 1/4 tasse de sirop d'érable
- 1/8 tasse de cognac
- 1 tasse d'eau
- 1 tasse de crème à fouetter

a) Dans un mélangeur ou un batteur électrique, mélanger les jaunes d'œufs, le sirop d'érable et l'eau. Transférer dans une casserole et porter à ébullition. Retirer du feu et ajouter la liqueur de café et le cognac. Frais.

b) Battre la crème et les blancs d'œufs jusqu'à formation de pics mous.

c) Incorporer délicatement le mélange de liqueur froide.

d) Verser dans des verres à dessert et réfrigérer 2 heures.

20. Barres à baiser au beurre de cacahuète

- 1/2 tasse de beurre d'arachide crémeux
- 1/4 tasse de beurre ou de margarine
- 1 c cassonade légère, tassée
- deux un oeuf

- 1 cuillère à café de vanille
- 2/3 tasse de farine tout usage non murée
- 1 tasse d'arachides salées hachées
- 16 bisous au chocolat chacun, non emballés

a) Battre le beurre d'arachide, le beurre et la cassonade dans le bol du mélangeur jusqu'à consistance mousseuse. Ajouter les œufs et la vanille; Frappez bien. Mélanger la farine, ajouter 3/4 tasse d'arachides hachées.

b) Étendre uniformément dans un moule carré graissé de 9 x 9 x 2 pouces.

c) Saupoudrer avec les cacahuètes restantes.

d) Cuire au four à 350 F. pendant 25 à 30 minutes ou jusqu'à ce qu'ils soient légèrement dorés.

e) Retirer du four; Appuyez immédiatement sur les bisous de chocolat en laissant de la place pour couper les barres en carrés.

f) Laisser refroidir complètement; Retirer de la poêle.

21. Gâteau à la crème glacée décadent

- deux 1/4 tasse de macaronis; émietté, divisé
- 3 c Glace au chocolat; légèrement adouci

- 5 barres de bruyère ; grossièrement haché
- 4 sirop de chocolat
- 3 cuillères à soupe de Kahlua
- 3 tasses de crème glacée à la vanille; légèrement adouci

a) Étaler 1 1/4 tasse de macaronis au fond d'un moule rond de 8 po. Étendre uniformément la crème glacée au chocolat sur les macaronis.

b) Saupoudrer 4 des barres Heath écrasées sur la crème glacée.

c) Égouttez 3 cuillères à soupe de sirop de chocolat et 2 cuillères à soupe de

d) Kahlua sur glace au chocolat. Garnir avec les macaronis restants. Garnir uniformément de crème glacée à la vanille. Saupoudrer les barres Heath écrasées restantes sur la crème glacée, puis le sirop de chocolat et Kahlua.

e) Couvrir et congeler au moins 8 heures ou plus.

f) Au moment de servir, passez la lame d'un couteau de cuisine sur les bords

g) du moule, retirer les côtés et placer le gâteau à la crème glacée sur le plat de service. Couper et servir.

h) Astuce : placez les barres de bruyère au congélateur jusqu'à ce qu'elles soient congelées. Ils se cassent ensuite facilement avec un maillet.

22. Salade piquante rouge

- 6 onces de gelée de cerises; (2 paquets)
- 4 oz de bonbons Red Hot

- 3 tasses d'eau bouillante
- 20 oz d'ananas, écrasé, non égoutté
- 2 tasses de compote de pommes

a) Dissoudre les pics de gélatine et de cannelle rouge dans de l'eau bouillante; réserver et laisser refroidir à température ambiante. Lorsque la gélatine est froide, ajoutez l'ananas et la compote de pommes. Verser dans un moule de 8 tasses graissé.

23. Carrés de chocolat au beurre de cacahuète

- 1 1/3 tasse de beurre d'arachide, lisse ou croquant
- 2/3 tasse de sucre granulé
- deux   Farine tout usage
- 2 blancs d'oeufs
- 1 1/4 tasse de noix, hachées, divisées
- 5 barres de chocolat au lait de 1,65 oz

a) Préchauffer le four à 325 degrés.

b) Dans un bol moyen, mélanger le beurre d'arachide, le sucre, la farine et l'œuf.

c) vêtement blanc; ajouter 3/4 tasse de noix.

d) Étendre le mélange dans une poêle légèrement graissée de 9 x 13 pouces.

e) Cuire au four de 10 à 12 minutes ou jusqu'à ce que les bords soient légèrement dorés. Pendant ce temps, cassez le chocolat en morceaux de 1 à 2 pouces.

f) Retirer les biscuits du four; placer immédiatement le chocolat sur les biscuits. Remettre au four et cuire encore 1 minute. Retirer du four; Étaler le chocolat fondu sur le dessus des biscuits, puis parsemer du reste des pacanes.

g) Couper en carrés à chaud.

24. Dessert pêche et melba

- 2 c de pêches; tranché, pelé
- 2 c de framboises
- 3/4 tasse de sucre
- 2 cuillères à soupe d'eau
- Congelé; vanille

a) Dans une casserole, porter à ébullition les pêches, les framboises, le sucre et l'eau.

b) Baisser le feu et laisser mijoter 5 minutes.

c) Calme-toi, si tu veux.

d) Servir sur de la crème glacée.

25. Yogourt glacé à la cannelle et aux noix

- 4 c de yaourt à la vanille
- 1 tasse de sucre
- 1/2 cuillère à café de cannelle
- Le sel

- 1 tasse de crème à fouetter
- 1 cuillère à café de vanille
- 1 tasse de noix

a) Bien mélanger le yaourt, le sucre, la cannelle et le sel dans un bol à mélanger. Ajouter la chantilly et la vanille. Ajouter les noix.

b) Couvrir et réfrigérer 30 minutes.

c) Congeler selon les instructions du fabricant.

26. Fondant de cinq minutes

- 2/3 tasse de lait évaporé

- 1-2 / 3 tasse de sucre
- 1/2 cuillère à café de sel
- 1-1 / 2 tasses de guimauves (les miniatures fonctionnent mieux)
- 1-1 / 2 tasses de pépites de chocolat (mi-sucré)
- 1 cuillère à café de vanille

a) Mélanger le lait, le sucre et le sel dans une casserole à feu moyen.

b) Porter à ébullition et cuire 4 à 5 minutes en remuant constamment (commencer à compter le temps où le mélange commence à « bouillonner » dans les coins de la casserole). Retirer du feu. Ajouter les guimauves, les pépites de chocolat et la vanille. Remuer vigoureusement pendant 1 minute (ou jusqu'à ce que les guimauves soient complètement fondues et combinées). Verser dans un moule carré beurré de 8 ". Laisser refroidir jusqu'à ce qu'il ne tombe plus ou ne se renverse plus dans le moule.

c) Vous aimez les noix ? Ajouter 1/2 tasse de noix hachées avant de verser dans la poêle.

27. Écorce d'amande et avoine

- 1 C. amandes moulues
- 1 C. farine d'avoine
- 1/2 cuillère à café de sel
- 1/4 tasse d'eau ou de jus

BROYER les amandes et les flocons d'avoine au mélangeur jusqu'à ce qu'ils soient fins, ou broyer les flocons d'avoine et les amandes au robot culinaire, en ajoutant du sel et de l'eau pendant que le robot tourne. AJOUTER le sel, bien mélanger. Ajoutez de l'eau. Bien mélanger. PRESSER dans un moule à gâteau ou rouler entre deux morceaux de papier ciré. CUIRE à 350° pendant 15 minutes. RENDEMENT : 1 croûte à tarte.

28. Dessert fantaisie aux pommes

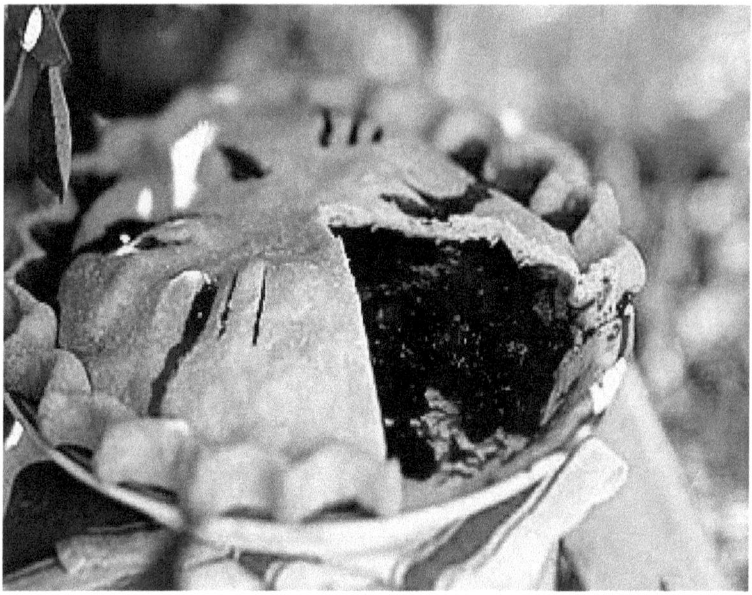

- 2/3 ch. farine
- 3 cuillères à café de levure chimique
- 1/2 cuillère à café de sel
- 2 oeufs
- 1 C. Sucre en poudre
- 1/2 tasse de cassonade

- 3 cuillères à café de vanille, de rhum ou de bourbon
- 3 ch. Pommes coupées en dés

Battre les œufs, ajouter le sucre et la vanille et bien battre. Ajouter les ingrédients secs et mélanger. Verser les pommes et remuer jusqu'à ce qu'elles soient uniformément réparties. Placer dans un plat allant au four profond ou un plat à soufflé. Enfourner 45 minutes à 350. Servir chaud.

29. Glace à l'avocat

INGRÉDIENTS

- cuillère à café d'avocats
- jus de citron
- 1 boîte (14 oz / 400 ml) de lait de coco entier
- 1 tasse/100g d'édulcorant liquide préféré, comme le sirop d'érable ou le sirop d'agave

INSTRUCTIONS

a) Mettez la boîte de lait de coco au réfrigérateur pendant la nuit.

b) Couper les avocats en deux, retirer le noyau et retirer la pulpe d'avocat.

c) Mettez la pulpe d'avocat dans un robot culinaire avec le jus de citron et mixez jusqu'à obtenir une crème d'avocat parfaitement lisse.

d) Ouvrez la boîte de lait de coco à l'envers (la crème dure est donc sur le dessus).

e) Versez la crème de coco jusqu'à ce qu'elle touche l'eau de coco (conservez l'eau de coco pour une recette différente ou pour un smoothie).

f) Fouettez la crème de noix de coco dans un bol avec KitchenAid ou un autre batteur électrique jusqu'à l'obtention d'une belle crème fouettée à la noix de coco. Ajouter la crème d'avocat et le sirop de riz et mélanger jusqu'à incorporation.

g) Placer la crème glacée sur une assiette allant au congélateur.

h) Mettez-le au congélateur pendant au moins 4 heures.

i) S'il est trop difficile à retirer après 4 heures, laissez-le reposer à température ambiante pendant une minute ou deux. Prendre plaisir!

30. Tarte à la crème de banane

- 3 ch. LAIT DE SOJA (58)
- 1/2 tasse de miel
- 1/2 tasse de noix de cajou crues
- 1/4 cuillère à café de sel
- 1/3 c. fécule de maïs
- 2 cuillères à café de vanille
- 1/3 c. dattes hachées
- 2-3 bananes, tranchées

MÉLANGER tous les ingrédients sauf les bananes. Verser dans une casserole et cuire à feu moyen jusqu'à épaississement, en remuant constamment. VERSER une fine couche de mélange de « crème anglaise » dans une croûte à tarte cuite ou une couche de granola, puis AJOUTER une couche de bananes tranchées. Répéter, puis ajouter le reste de crème pâtissière et garnir d'amandes effilées. REFROIDIR une nuit et SERVIR froid.

31. Berry fou

Ingrédients

- 1 paquet (12 onces) de framboises ou de fraises surgelées (pas au sirop), décongelées
- 1/4 tasse plus 1 cuillère à soupe de sucre, divisé
- 1 tasse de crème à fouetter épaisse

Adresses

Dans un mélangeur ou un robot culinaire, mélanger les framboises ou les fraises avec 1/4 tasse de sucre. Traitez jusqu'à ce que les baies soient réduites en purée, en raclant les côtés au besoin.

Dans un grand bol, battre la crème épaisse avec un mélangeur jusqu'à formation de pics mous. Ajouter le reste 1 cuillère à soupe de sucre et continuer à battre jusqu'à formation de pics fermes.

3. A l'aide d'une spatule en caoutchouc, incorporer délicatement la purée de framboises en laissant quelques stries de chantilly blanche. Verser dans quatre verres à parfait individuels. Réfrigérer 2 heures puis servir.

32. Tiramisu aux baies

Ingrédients

- 1 1/2 tasse de café infusé
- 2 cuillères à soupe de sambuca
- 1 cuillère à soupe de sucre cristallisé
- 1 livre de fromage mascarpone

- 1/4 tasse de crème épaisse
- 2 cuillères à soupe de sucre en poudre
- Biscuits aux doigts de dame
- Poudre de cacao
- 2 tasses de baies mélangées

Adresses

Dans un bol peu profond, mélanger 1 1/2 tasse de café infusé, 2 cuillères à soupe de sambuca et 1 cuillère à soupe de sucre cristallisé jusqu'à ce que le sucre se dissolve. Dans un bol séparé, mélanger un récipient de 1 livre de fromage mascarpone, 1/4 tasse de crème épaisse et 2 cuillères à soupe de sucre en poudre. En utilisant suffisamment de biscuits sablés pour tapisser le fond d'un moule carré de 8 pouces, trempez les biscuits dans le mélange de café et placez-les en une couche uniforme au fond du moule. Étaler la moitié du mélange de mascarpone sur le dessus.Répétez les deux couches. Saupoudrer de poudre de cacao et de 2 tasses de baies mélangées. Réfrigérer le tiramisu pendant au moins 2 heures et jusqu'à 2 jours.

33. Bonbons au Beurre au Rhum

Ingrédients

- Huile végétale pour le graissage

- 2 tasses de cassonade tassée (14 oz)
- 1 tasse de crème épaisse
- 1/2 bâton (1/4 tasse) de beurre non salé
- 1/4 cuillère à café de sel
- 1/4 tasse plus 1 cuillère à café de rhum brun
- 1/4 cuillère à café de vanille
- Équipement spécial : papier sulfurisé ; un thermomètre à bonbons ou à graisse profonde

préparation

Tapisser le fond et les côtés d'un moule carré de 8 pouces de papier parchemin et d'huile à parchemin.

Faire bouillir la cassonade, la crème, le beurre, le sel et 1/4 tasse de rhum dans une casserole à fond épais de 3 à 4 litres, en remuant jusqu'à ce que le beurre soit fondu, puis porter à ébullition à feu modéré, en remuant fréquemment, jusqu'à ce que le thermomètre indique 248 ° F (stade de balle ferme), environ 15 minutes. Retirer du feu et ajouter la vanille et la cuillère à café de rhum restante. Verser sur une plaque à pâtisserie et réfrigérer complètement jusqu'à consistance ferme, 1 à 2 heures. Retournez le caramel sur une planche à découper, puis jetez le parchemin et retournez le caramel côté brillant vers le haut. Couper en carrés de 1 pouce.

Note du cuisinier : Les bonbons se conservent, superposés entre du papier parchemin, dans un contenant hermétique pendant 1 semaine.

34. Zeste de citron confit

- zeste de 4 lrg. citrons, 3 oranges ou 2 pamplemousses

- 1 tasse de sucre
- 1/3 tasse d'eau

Faites d'abord mijoter les zestes dans 1 litre d'eau pendant 6 min. Égoutter, rincer à l'eau froide et réserver. Porter le sucre et l'eau à ébullition.

Lorsque le sucre se dissout, couvrez la casserole et faites bouillir quelques minutes jusqu'à ce que les dernières gouttes de sirop tombent du bout d'une cuillère en métal formant un fil. Hors du feu, ajoutez les zestes et laissez reposer 1 heure.

Prêt à l'emploi ou à conserver couvert au réfrigérateur.

35. Panna cotta à la cardamome et à la noix de coco

INGRÉDIENTS

- 1 tasse de flocons de noix de coco non sucrés
- 3 tasses de crème épaisse
- 1 tasse de babeurre
- 4 gousses de cardamome verte, une pincée de sel casher légèrement écrasé
- 2 cuillères à café de gélatine granulée
- 1 cuillère à soupe d'eau
- ⅓ tasse de sucre cristallisé
- cuillère à café d'eau de rose

ADRESSES

1. Préchauffer le four à 350 °. Répartir la noix de coco dans un plat et mettre au four. Cuire au four jusqu'à ce qu'ils soient grillés et dorés, environ 5 minutes. Retirer du four et réserver.

2. Dans une casserole moyenne à feu moyen-élevé, mélanger la crème épaisse, le babeurre, la

cardamome et le sel et porter à ébullition. Retirer lehors du feu, ajoutez la noix de coco grillée et laissez reposer 1 heure. Filtrer le mélange à travers une passoire à mailles fines et jeter les solides.

3. Dans un bol moyen, mélanger la gélatine et l'eau. Laisser reposer 5 minutes.

4. Pendant ce temps, remettre la casserole sur feu moyen, ajouter le sucre et cuire jusqu'à ce que le sucre se dissolve, environ.

1 minute. Versez délicatement le mélange de crème filtrée sur le mélange de gélatine et battez jusqu'à ce que la gélatine se dissolve. Ajouter l'eau de rose et diviser le mélange dans 8 ramequins de quatre onces. Placer au réfrigérateur et réfrigérer jusqu'à consistance ferme, au moins 2 heures à toute la nuit.

5. Réaliser les pétales de rose confits : Chemiser une plaque à pâtisserie de papier sulfurisé. Dans un petit bol, mélanger le sucre et la cardamome. À l'aide d'un pinceau à pâtisserie, badigeonner les deux côtés de chaque pétale de rose de blanc d'œuf et les

tremper délicatement dans le sucre. Mettrelaisser sécher complètement sur du papier sulfurisé.

6. Servir la panna cotta bien fraîche et décorer chaque portion de pétales de rose.

36. Crème brûlée à la chicorée

- 1 cuillère à soupe de beurre
- 3 tasses de crème épaisse
- 1 1/2 tasse de sucre
- 1 tasse de café à la chicorée
- 8 jaunes d'oeufs
- 1 tasse de sucre non raffiné
- 20 petits biscuits sablés

Préchauffer le four à 275 degrés F. Graisser 10 ramequins (4 onces). Dans une casserole, à feu moyen, mélanger la crème, le sucre et le café.

Battre jusqu'à obtenir une consistance lisse. Dans un petit bol, battre les œufs jusqu'à consistance lisse. Tempérer les jaunes d'œufs dans le mélange de crème chaude. Retirer du feu et laisser refroidir. Servir dans des moules individuels. Placer les ramequins dans un plat allant au four.

Remplissez le plat d'eau en montant jusqu'au milieu du ramequin. Mettre au four sur la grille inférieure et cuire jusqu'à ce que le centre soit pris, environ 45 minutes à 1 heure.

Retirer du four et de l'eau. Laisser refroidir complètement.

Réfrigérer jusqu'à refroidissement. Saupoudrer de sucre sur le dessus en secouant l'excédent. À l'aide d'un chalumeau à main, il caramélisait le sucre sur le dessus. Servir la crème brûlée avec des biscuits sablés.

37. Fondue chocolat menthe

- 1/2 tasse de crème épaisse
- 2 cuillères à soupe de liqueur de menthe
- 8 onces de chocolat mi-sucré

1. Chauffer la crème épaisse à feu moyen-doux.
2. Ajouter de l'alcool
3. Râpez le chocolat ou cassez-le en petits morceaux et ajoutez-le lentement au mélange en remuant

4. Remuer jusqu'à ce que le chocolat fonde.

38. Pudding au chocolat avec décorations

- 1/2 tasse de sucre granulé

- 1/3 tasse de cacao en poudre non sucré, tamisé
- 3 cuillères à soupe de fécule de maïs 1/8 cuillère à café de sel
- $\frac{1}{2}$ tasse de lait écrémé 1 %
- 1/2 tasse de yogourt à la vanille faible en gras
- 1 cuillère à café d'extrait de vanille

- Garnitures facultatives : Craquelins Graham écrasés, Noix hachées, Granola, Bleuets, Framboises, Bananes tranchées, Fraises tranchées, Crème fouettée légère

a) Mélanger le sucre, le cacao, la fécule de maïs et le sel dans une casserole moyenne. Battre lentement le lait jusqu'à ce qu'il soit bien mélangé.

b) Placer à feu moyen-vif et laisser mijoter en remuant constamment. Réduire le feu et continuer à mijoter, en remuant doucement, jusqu'à ce que le mélange épaississe légèrement, environ 2 minutes.

c) Retirer du feu et ajouter le yaourt et la vanille. Verser le mélange dans 6 bols de service individuels. Couvrir d'une pellicule plastique ou de papier ciré (cela empêchera la formation d'un film) et réfrigérer au moins 1 heure. Saupoudrer des garnitures désirées et servir.

39. Biscuits croustillants au chocolat et au caramel

- 1.5 douilles de craquelins ou 6-8
- feuilles de pain azyme (assez pour remplir une plaque à pâtisserie de 11 x 17)
- 1 bâton (8 cuillères à soupe) de beurre
- 1 tasse de cassonade

- 2 tasses de pépites de chocolat aigre-doux
- 1 cuillère à café de sel de mer, et plus pour saupoudrer

a) Préchauffer le four à 350 °F. Placer les craquelins sur une plaque à pâtisserie tapissée, en prenant soin de les ajuster le plus étroitement possible. Cassez les craquelins pour qu'ils s'ajustent sur les bords ou pour remplir les trous. Mettez les morceaux cassés de côté pour plus tard.

b) Dans une petite casserole, faire fondre le beurre et le sucre à feu moyen en remuant de temps en temps pour que le caramel ne brûle pas. Chauffer le caramel à ébullition et faire bouillir pendant 2 minutes. Ajoutez le sel puis versez sur les biscuits en étalant à l'aide d'une spatule résistante à la chaleur pour couvrir les éventuelles taches manquantes (le caramel épaissit très vite, veillez donc à le faire rapidement).

c) Cuire les biscuits au caramel pendant 10 minutes, jusqu'à ce que le caramel bouillonne. Sortir du four et laisser refroidir 1 minute.

d) Saupoudrer les pépites de chocolat sur le caramel chaud. Laissez-les reposer pendant quelques minutes, jusqu'à ce qu'ils commencent à fondre. Étaler le chocolat sur le caramel en une couche uniforme. Écraser les morceaux de bretzels restants en petites miettes (ou écraser 5 à 7 bretzels en miettes) et saupoudrer sur le chocolat pendant qu'il est chaud. Vous pouvez également saupoudrer un peu de sel de mer sur le chocolat.

e) Réfrigérez les biscuits jusqu'à ce que le chocolat ait pris (le réfrigérateur fonctionne très bien ici, si le vôtre est suffisamment vide pour contenir une plaque à pâtisserie). Briser en morceaux et conserver dans un contenant hermétique jusqu'à une semaine. Bonne chance que ça dure si longtemps.

40. Barres énergétiques Citrus Burst

Ingrédients

- 2 tasses de gros flocons d'avoine
- 1 gros citron
- 1 grosse orange
- 5 dattes séchées, hachées grossièrement
- 1 tasse de beurre d'amande ou de tournesol
- 1 cuillère à café d'extrait de vanille
- 1/4 cuillère à café de sel

- 1/4 tasse de graines de tournesol, crues, non salées
- 1/4 tasse de graines de citrouille, crues, non salées
- 1/4 tasse de graines de lin moulues
- 1/2 tasse de canneberges séchées, hachées grossièrement
- 1/2 tasse de canneberges, cerises ou abricots séchés, hachés grossièrement

préparation

a) Étaler les flocons d'avoine sur une plaque à pâtisserie. Cuire au four préchauffé, en remuant une fois, pendant 15 à 20 minutes, ou jusqu'à ce que les flocons d'avoine soient légèrement grillés et parfumés. Placer les flocons d'avoine grillés dans un grand bol et réfrigérer.

b) Râpez finement les zestes d'orange et de citron et réservez.

c) Pressez le jus d'orange. Vous aurez besoin d'environ $\frac{1}{2}$ tasse (125 ml) de jus. Versez le jus d'agrumes dans le bol d'un robot culinaire et ajoutez les dattes hachées, le beurre d'amande, la vanille et le sel. Mélangez les ingrédients jusqu'à obtenir une pâte lisse et épaisse. Ajoutez le mélange de dattes dans le bol avec les flocons d'avoine, puis ajoutez les graines de tournesol, de citrouille et de lin et les fruits secs hachés.

d) Mélanger jusqu'à ce que le tout soit bien combiné. Presser le mélange dans un moule de 20 x 20 cm (8 x 8 pouces).

e) Couvrir et réfrigérer 2 heures ou toute la nuit.

f) Couper en 16 barres. Conserver dans un récipient au réfrigérateur ou envelopper individuellement les barres dans du papier ciré et conserver dans un récipient au congélateur. Vous pouvez décongeler les barres au réfrigérateur pendant la nuit.

41. Fondue (sans alcool)

- 1 tasse de cidre de pomme (à mélanger avec du fromage)
- 1/4 tasse de cidre de pomme (à mélanger avec la fécule de maïs et la moutarde)
- 2 cuillères à café de jus de citron
- 1 cuillère à soupe d'oignon (finement haché)
- 3 tasses de fromage cheddar (râpé)

- 1 cuillère à soupe de fécule de maïs
- 2/3 cuillère à café de moutarde en poudre
- Poivre blanc (au goût)

a) Faites chauffer le cidre, le jus de citron et les oignons à feu moyen-doux dans votre caquelon.

b) Ajouter lentement le fromage en remuant.

c) Mélanger la fécule de maïs et la moutarde dans 1/4 tasse de cidre de pomme

d) Ajouter le mélange au fromage

e) Ajouter du poivre blanc au goût.

f) Remarque : s'il est trop sucré, ajoutez plus de jus de citron

42. Gâteau au pudding hawaïen

Ingrédients

- 1 gros paquet (6 portions) de pouding instantané à la vanille et garniture à tarte
- 2 tasses de lait
- 2 cuillères à soupe de beurre fondu
- 1 tasse de garniture fouettée surgelée, décongelée (contenant de 8 onces équivaut à 3-1 / 2 tasses)

- 1 croûte à tarte aux biscuits graham préparée (9 po)
- 1/2 tasse de noix de coco râpée grillée (facultatif)

Adresses

a) Dans un grand bol, préparer le pouding selon les instructions sur l'emballage, en utilisant les 2 tasses de lait. Incorporer le beurre et la garniture fouettée, puis verser le mélange dans le fond du gâteau.

b) Réfrigérer 4 heures ou jusqu'à ce qu'il soit ferme.

c) Garnir de noix de coco grillée juste avant de servir, si désiré. Si vous n'avez que des sachets de 4 portions de pudding à la vanille sous la main, ouvrez-en 2, mesurez et utilisez 2/3 tasse de mélange à pudding.

43. Il cordon bleu

- 3 pommes
- beurre
- sucre
- 3 pommes
- glaçage à l'abricot
- 50g de beurre
- 50g de sucre
- 1 citron
- 50 ml d'eau

1. Préchauffer le four à 180°C. Saupoudrer le plan de travail de farine, étaler les pâtes en un rond d'environ 3 mm. Roulez la pâte sur le rouleau à pâtisserie ou pliez-la en deux, puis étalez-la légèrement sur le moule à tarte.

2. Pressez la pâte dans le moule avec vos doigts. À l'aide de votre pouce et de votre index, façonnez un bord horizontal de 1 cm autour de l'intérieur du bord, puis roulez le rouleau à pâtisserie sur le bord pour couper l'excès de pâte.

3. Pincez le bord de la pâte feuilletée pour lui donner une forme décorative avec une pince à pâte ou vos doigts. Piquer le fond de la base de pâte avec une fourchette et réfrigérer 10 minutes. Cuire le fond de tarte à l'aveugle, sortir du four et laisser refroidir.

4. Préparez la compote de pommes : Épluchez et épépinez les pommes. Couper les pommes en "paysanne" (couper en petits carrés).

5. Faire fondre le beurre non coloré dans une casserole à fond épais à feu moyen. Ajouter les

pommes hachées, le sucre, le jus de citron et l'eau.

6. Remuez les pommes fréquemment avec une cuillère en bois jusqu'à ce qu'elles soient tendres et dorées, environ 20 à 30 minutes. Retirer du feu et refroidir un peu.

7. Verser la compote de pommes dans le fond de tarte cuit à l'aveugle.

8. Pelez et épépinez les pommes restantes. Coupez chacun en deux. Poser chaque moitié à plat sur un plan de travail et couper en croix

9. Tranches de 3 mm d'épaisseur. En commençant par le bord extérieur et en travaillant vers l'intérieur vers le centre, placez la pomme.

10. À l'aide du dos d'une cuillère, étaler le beurre mou mélangé au sucre sur les tranches de pomme.

11. Enveloppez le bord cuit de la croûte de tarte avec du papier d'aluminium pour éviter de brûler pendant la cuisson. Cuire au four environ 25 minutes ou jusqu'à ce que les pommes soient tendres et dorées. Retirer et refroidir sur une grille à gâteau.

Présenter:

Faites chauffer le glaçage à l'abricot dans une petite casserole. Badigeonner délicatement les tranches de pomme pour les enrober complètement de glaçage. Servir tiède ou froid. Bon Appetit.

44. Délicieuses barres au citron Meyer

Pour la pâte:

- 1/2 livre de beurre non salé, à température ambiante
- 1/2 tasse de sucre granulé
- 2 tasses de farine
- 1/8 cuillère à café de sel casher

Pour remplissage:

- le zeste de 5 citrons Meyer (la recette demande 1 cuillère à soupe + 1 cuillère à café de le zeste, mais j'ai râpé tous mes citrons. Je le recommande fortement)

- 1 2/3 tasses de sucre granulé
- 4 œufs extra gros à température ambiante
- 2/3 tasse de jus de citron frais
- 2/3 tasse de farine, tamisée
- sucre en poudre pour saupoudrer

a) Préchauffer le four à 350 °F. Battre le beurre et le sucre jusqu'à consistance légère et mousseuse. Mélanger la farine et le sel et mélanger avec le mélange de beurre jusqu'à ce qu'il soit juste combiné.

b) Verser la pâte sur un plan de travail fariné et rouler en boule. Aplatir la pâte et la presser dans un moule 9 x 13 bien graissé, créant une croûte de 1/2 pouce. Laisser refroidir 20 minutes.

c) Cuire la base pendant 15-20 minutes, jusqu'à ce qu'elle soit légèrement dorée. Laissez refroidir la croûte.

d) Préparez la garniture : râpez les citrons et mélangez-les avec le sucre du bout des doigts, jusqu'à ce que le sucre devienne un peu grumeleux et parfumé. Battre le mélange de sucre avec les œufs, le jus de citron et la farine jusqu'à consistance lisse et brillante.

e) Verser le caillé sur la croûte refroidie et cuire au four pendant 30-35 minutes, jusqu'à ce que la garniture soit prête. Laisser refroidir à température ambiante avant de tamiser le sucre en poudre sur le dessus. Couper en carrés et servir.

45. Gâteau millionnaire

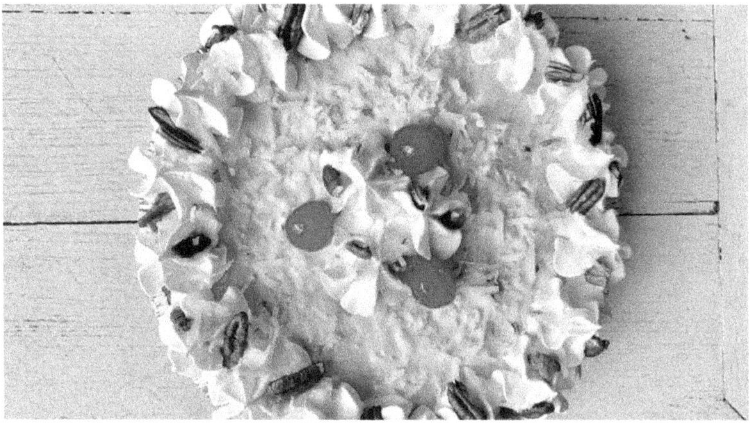

Ingrédients

- 1 boîte (20 oz) de morceaux d'ananas au sirop épais, égouttés
- 1 tasse de noix hachées
- 1 boîte (14 onces) de lait concentré sucré
- 2 cuillères à soupe de jus de citron frais
- 2 tasses de crème à fouetter congelée, décongelée (contenant de 8 onces équivaut à 3-1 / 2 tasses)

- 1 gâteau de biscuits Graham de 9 pouces préparé
- Cortex

Adresses

1. Dans un grand bol, mélanger l'ananas, les noix, le lait concentré sucré et le jus de citron; bien mélanger. Incorporer délicatement la garniture fouettée.

2. Versez le mélange dans la base des biscuits Graham. Réfrigérer au réfrigérateur pendant au moins 6 heures ou toute la nuit.

Garnir de pacanes supplémentaires et d'un soupçon de sauce au caramel pour une véritable présentation "à un million de dollars".

46. Sucettes glacées à l'orange et à la crème

Ingrédients

- Zeste râpé d'1 orange Temps de cuisson : 12 minutes
- 1 litre de crème glacée à la vanille, ramollie
- 1 pinte de sorbet à l'orange, ramolli

- 10 bâtons de bricolage

Adresses

a) Couvrir un moule à pain de 9 x 5 pouces d'une pellicule de plastique.

b) Dans un bol moyen, mélanger le zeste d'orange râpé avec la crème glacée à la vanille ramollie.

c) Étaler la moitié du mélange de crème glacée à la vanille sur le fond du moule à pain. Étaler le sorbet à l'orange et garnir du reste du mélange de crème glacée à la vanille.

d) Placez les bâtonnets d'artisanat dans la crème glacée à environ deux pouces d'intervalle sur deux rangées. Couvrir et congeler jusqu'à ce qu'il soit ferme.

e) Couper en 10 popsicles et servir. Couvrir les restes et réserver au congélateur.

47. Gâteau à la limonade rose

Ingrédients

- 1 paquet (8 onces) de fromage à la crème, ramolli
- 1 contenant (6 onces) de concentré de limonade rose surgelé, décongelé
- 1 contenant (8 oz) de garniture fouettée surgelée, décongelée

- 4 gouttes de colorant alimentaire rouge (facultatif)
- 1 croûte à tarte au beurre préparée (9 pouces)

Adresses

Dans un bol moyen, battre le fromage à la crème jusqu'à consistance lisse. Ajouter le concentré de limonade et battre jusqu'à ce que le tout soit bien mélangé. Ajouter la garniture fouettée et le colorant alimentaire, si désiré.

2. Verser dans le fond du gâteau et congeler 20 minutes. Servir ou couvrir et réfrigérer jusqu'au moment de servir.

48. Barres à biscuits bretzel

- 12 onces de chocolat mi-amer ou mi-amer haché
- 2 douzaines de barres de bretzels grandes ou petites
- 12 onces de chocolat blanc, haché

Faire fondre le chocolat mi-amer ou mi-amer, au bain-marie ou au micro-ondes, jusqu'à consistance lisse. Tremper les tiges de bretzel dans le

chocolat, en utilisant une cuillère pour couvrir tout sauf deux pouces de chaque tige. Laissez l'excès de chocolat s'égoutter, puis placez les tiges de bretzels sur une plaque à pâtisserie tapissée de papier parchemin. Une fois tous les bretzels trempés, réfrigérer au moins 15 minutes.

Faire fondre lentement le chocolat blanc, soit au bain-marie, soit au micro-ondes. Placez le chocolat dans un sac Ziploc, puis découpez un petit trou dans l'un des coins inférieurs pour former une poche à douille. *

Disposez deux petits points pour former les yeux de la momie. Ensuite, posez un motif entrecroisé sur le bretzel pour former les bandages de la momie, en laissant un petit espace pour les yeux et en vous arrêtant là où le chocolat noir s'arrête.Ajoutez des bandages pour la tête, au-dessus des yeux.

Réfrigérer sur des plaques à pâtisserie pendant 30 minutes supplémentaires, puis transférer dans un contenant hermétique pour conserver les aliments.

49. Cônes de neige pour adultes

INGRÉDIENTS

Sirop simple

- 1 tasse de sucre granulé
- 1 tasse d'eau froide

Cône de neige

- 1 tasse de vin rosé (de préférence un rosé corsé)
- tasse de sirop ordinaire 5 tasses de glace

ADRESSES

Préparez le sirop simple : placez le sucre et l'eau dans un récipient hermétique, couvrez et secouez jusqu'à dissolution (ou faites chauffer le sucre et l'eau à feu moyen dans une petite casserole, en remuant jusqu'à dissolution ; puis laissez refroidir et réfrigérez d'abord. pour l'utiliser).

Préparez le cône de neige : placez le rosé, le sirop simple et la glace dans un mélangeur et mélangez jusqu'à consistance légère et mousseuse, en arrêtant le mélangeur de temps en temps et en utilisant une spatule en caoutchouc pour racler les côtés du pot du mélangeur au besoin. Servir empilé dans des gobelets en papier, des verres à liqueur ou de petits bols.

50. fondue moka

Ingrédients

- 8 onces de chocolat mi-sucré
- 1/2 tasse d'espresso ou de café chaud
- 3 cuillères à soupe de sucre cristallisé
- 2 cuillères à beurre
- 1/2 cuillère à café d'extrait de vanille

a) Couper le chocolat en petits morceaux et réserver.

b) Faites chauffer l'espresso et le sucre dans un caquelon à fondue à feu doux.

c) Ajouter petit à petit le chocolat et le beurre en remuant.

d) Ajouter de la vanille

e) Facultatif : ajoutez une touche de crème irlandaise

f) Pour tremper : gâteau des anges, tranches de pomme, bananes, fraises, génoise, bretzels, morceaux d'ananas, guimauves

51. tiramisu

- 1 livre de fromage mascarpone, très frais
- 1 grande boîte de cerises noires (dénoyautées) au sirop (au moins 2/3 tasse de liquide) 1/4 tasse de sucre granulé
- 2 cuillères à soupe de rhum, plus
- 1/3 tasse de rhum mélangé avec de l'eau et un peu de sucre granulé supplémentaire
- 24 doigts de femmes ou biscuits biscotti all'uovo

a) Mélanger le fromage, 1/4 tasse de sucre cristallisé et 2 cuillères à soupe de rhum. Divisez en 3 parts égales.

b) Placez 8 biscuits côte à côte dans un moule à pain au moins assez grand pour les accueillir. Versez 1/3 du jus de cerise noire en conserve sur les biscuits, en le répartissant uniformément. Verser 1/3 du mélange de fromage sur les craquelins.

c) Placer 8 autres craquelins côte à côte sur le mélange de fromage. Imbibez cette couche de biscuits avec le mélange de rhum. Verser un autre tiers du mélange de fromage sur les craquelins.

d) Placer 8 autres craquelins côte à côte sur le mélange de fromage. Trempez cette couche de biscuits avec le 1/3 de tasse restant de sirop de cerise noire en conserve.Verser le dernier tiers du mélange de fromage sur les craquelins.

e) Garnir avec des cerises supplémentaires.

52. Délice turc

- 2 
tasses (1/2 litre) de sucre granulé

- 1 1/4 tasse (300 ml) d'eau

- 1 citron, la peau coupée en lamelles, le jus pressé et égoutté

- 1 orange, la peau coupée en lanières, le jus pressé et égoutté
- 4 cuillères à soupe (60 ml) de gélatine en poudre non aromatisée
- 2 cuillères à soupe (30 ml) de sucre en poudre
- 1 cuillère à soupe (15 ml) de fécule de maïs

Dissoudre le sucre semoule dans la moitié de l'eau à feu moyen. Ajouter les lanières de zeste de citron et d'orange et les jus. Porter le mélange à ébullition et laisser mijoter pendant 15 minutes. Ramollir la gélatine en la trempant 5 à 10 minutes dans le reste de l'eau. Ajouter la gélatine au sirop de sucre en remuant bien et laisser mijoter pendant 10 minutes, jusqu'à ce que le sirop atteigne le stade de la ficelle.

Filtrer le mélange dans une casserole ou une casserole peu profonde humidifiée et laisser reposer pendant 24 heures. Couper le caramel en carrés de 1 pouce (2,5 cm). Tamisez le sucre glace et la fécule de maïs dans une assiette creuse. Rouler les morceaux de caramel dansle mélange. Conservez les carrés dans des boîtes avec plus de sucre glace et de fécule de maïs entre chaque couche.

CONCLUSION

Avant d'entrer dans les détails des recettes et des saveurs de ce livre, il est important de planifier votre repas. Vous voudrez préparer le terrain pour votre dîner romantique en vous assurant que vous êtes seuls. Si vous avez des enfants, c'est le moment de demander cette faveur de garde d'enfants.

C'est aussi une bonne idée d'établir quelques règles de base - essayez de vous mettre d'accord sur une soirée sans technologie, ce qui pourrait signifier éteindre la télévision ou mettre vos téléphones hors de vue. La planification peut sembler forcée, mais c'est un excellent moyen de protéger votre relation de la quantité de « vie » qui vous envahit constamment.

Une fois que vous avez confirmé la date de votre soirée romantique, il est temps de planifier votre menu. Déterminez si vos ingrédients frais sont de saison, ce qui peut affecter la facilité avec laquelle vous pourrez obtenir les articles nécessaires dans votreprêt. D'autres éléments à considérer incluent les préférences et les restrictions alimentaires de votre partenaire de repas, comme une personne qui préfère un régime à base de plantes ou qui a une allergie aux noix.

Tout ce qu'il reste à faire est d'allumer la musique, de profiter de la nourriture et de profiter de la compagnie de l'autre ; si vous vous amusez, une soirée romantique à la maison vaut mieux qu'un restaurant à chaque fois.

Lightning Source UK Ltd.
Milton Keynes UK
UKHW020207120621
385350UK00001B/13

9 781802 885828